Für Mathe üben

Das kleine Einmaleins

illustriert von Anke am Berg
erarbeitet von Eva Odersky

westermann

2er-Schritte

1

	+2		+2		+2		+2		+2	
0		2		4						

	+2		+2		+2		+2		+2	
10										

	-2		-2		-2		-2		-2	
20										

	-2		-2		-2		-2		-2	
10										

2

1	2	3	4	5	6	7	8	9	10
11	12	13	14	15	16	17	18	19	20

3

0, 2, 4,

20, 18,

4

Male alle Felder mit 2er-Zahlen gelb an.

1

1	3	2	4	5	10	7	9	6	8
2	6								

2

	3	5	8	1	4	7	9	2	10	6
· 2	6									

3

3 · 2	6 · 2	9 · 2	4 · 2	1 · 2	5 · 2	10 · 2	8 · 2	2 · 2	7 · 2
12	6	18	8	10	2	20	16	14	4

4

2 · 3 = ___ 2 · 5 = ___ 2 · 4 = ___ 2 · 1 = ___ 2 · 7 = ___

2 · 6 = ___ 2 · 10 = ___ 2 · 8 = ___ 2 · 2 = ___ 2 · 9 = ___

5

Male alle Felder mit Ergebnissen des 2er-Einmaleins rot an.
Male alle anderen Zahlen-Felder blau an.

Halbieren/Teilen durch 2

1

2

	2	6	10	18	20	4	16	12	14	8
: 2	1									

3

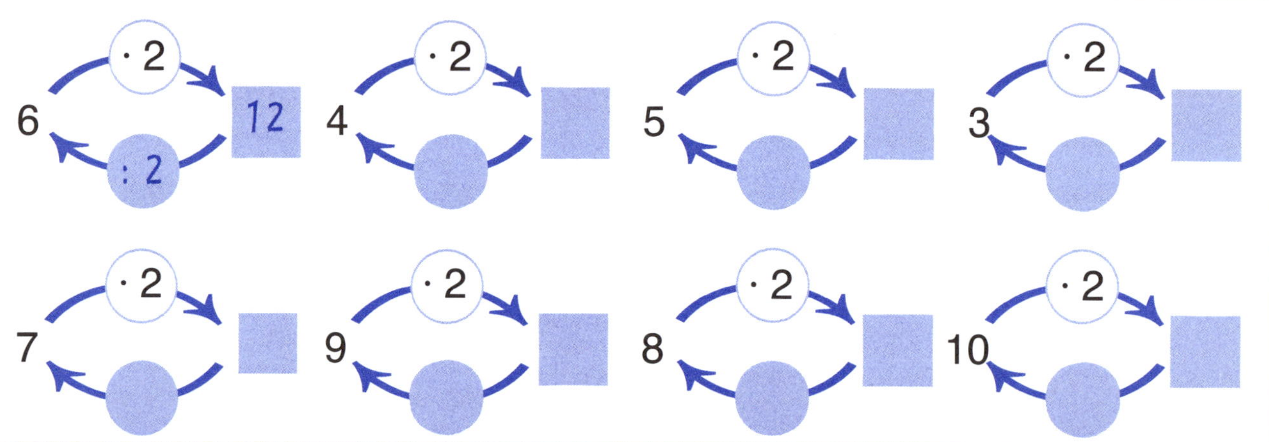

4

12 : 2 =

18 : 2 =

4 : 2 =

16 : 2 =

8 : 2 =

2 : 2 =

10 : 2 =

6 : 2 =

14 : 2 =

20 : 2 =

Rechne und verbinde dann die Ergebnisse der Reihe nach.

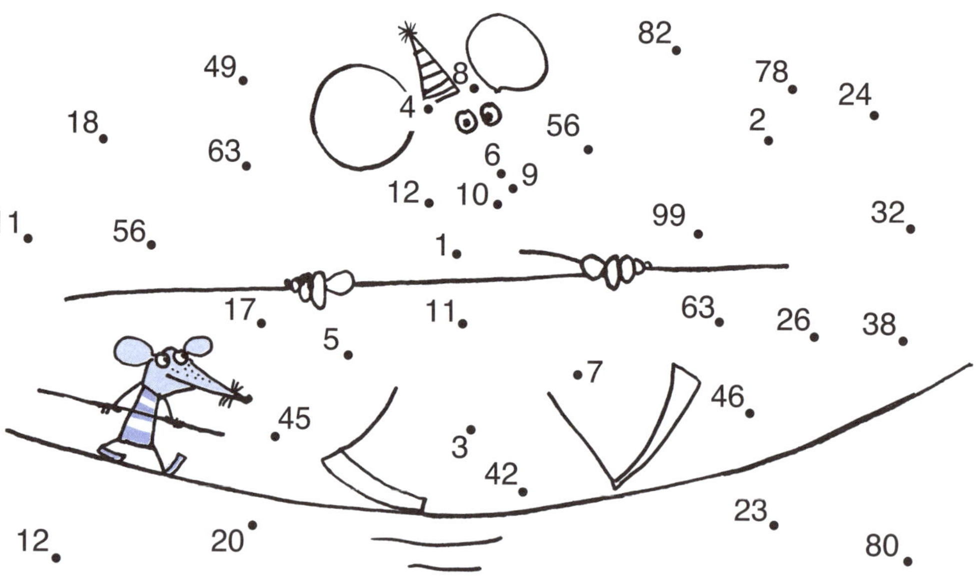

1

0 +5 ▢ +5 ▢ +5 ▢ +5 ▢ +5 ▢ +5 ▢ +5 ▢ +5 ▢ +5 ▢ +5 ▢

0 +10 ▢ +10 ▢ +10 ▢ +10 ▢ +10 ▢ +10 ▢ +10 ▢ +10 ▢ +10 ▢ +10 ▢

100 -10 ▢ -10 ▢ -10 ▢ -10 ▢ -10 ▢ -10 ▢ -10 ▢ -10 ▢ -10 ▢ -10 ▢

50 -5 ▢ -5 ▢ -5 ▢ -5 ▢ -5 ▢ -5 ▢ -5 ▢ -5 ▢ -5 ▢ -5 ▢

2

10, 20, ▢, ▢, ▢, ▢, ▢, ▢, ▢, ▢

0, 5, 10, 15, ▢, ▢, ▢, ▢, ▢, ▢, ▢

3

50, 45, 40, ______

100, 90, 80, ______

4

Verbinde die 5er-Schritte rot und dann die 10er-Schritte braun.

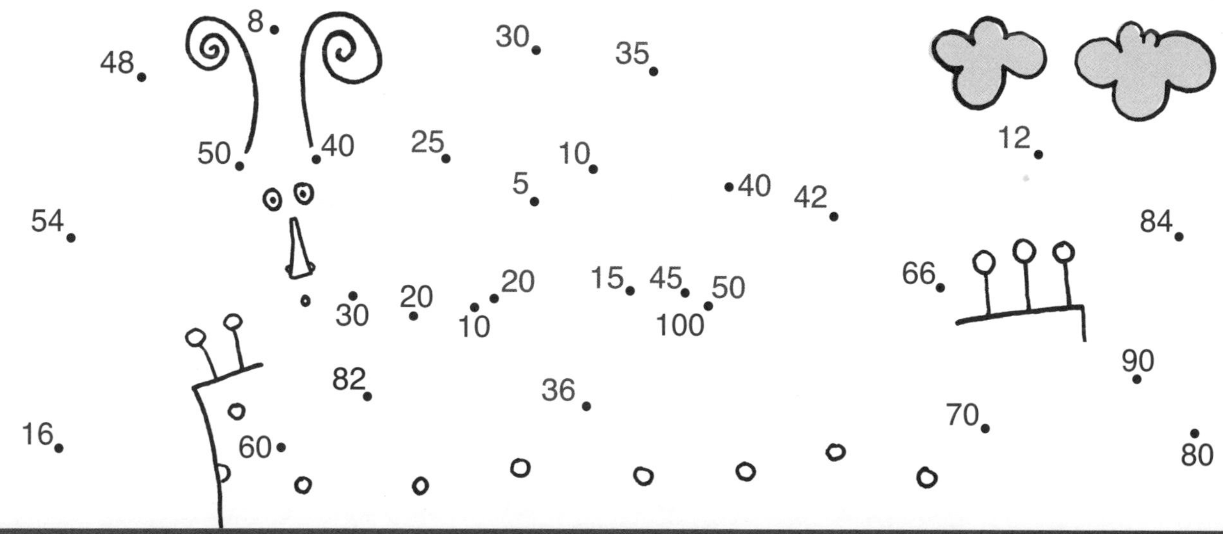

Malnehmen mit 5 und 10

1

3 · 5 =	5 · 5 =
6 · 5 =	10 · 5 =
4 · 5 =	1 · 5 =
8 · 5 =	2 · 5 =
7 · 5 =	9 · 5 =

2

7 · 10 =	8 · 10 =
3 · 10 =	4 · 10 =
5 · 10 =	9 · 10 =
2 · 10 =	10 · 10 =
6 · 10 =	1 · 10 =

3

8 · 5   6 · 5   2 · 5   9 · 5   4 · 5   3 · 5   10 · 5   5 · 5   7 · 5

30   40   45   10   20   50   15   35   25

4

Verbinde immer die beiden Aufgaben, die das gleiche Ergebnis haben.

3 · 10   2 · 10   5 · 10   1 · 10   4 · 10

6 · 5   10 · 5   2 · 5   4 · 5   8 · 5

5

10 grün   20 rot   30 und 35 blau   40 orange   50 gelb

1

20 : 5 = ☐	5 : 5 = ☐
45 : 5 = ☐	15 : 5 = ☐
10 : 5 = ☐	30 : 5 = ☐
50 : 5 = ☐	40 : 5 = ☐
25 : 5 = ☐	35 : 5 = ☐

2

70 : 10 = ☐	60 : 10 = ☐
50 : 10 = ☐	30 : 10 = ☐
100 : 10 = ☐	10 : 10 = ☐
80 : 10 = ☐	40 : 10 = ☐
20 : 10 = ☐	90 : 10 = ☐

3

20 : 5 = ☐	70 : 10 = ☐	15 : 5 = ☐	100 : 10 = ☐
☐ · 5 = 20	☐ · 10 = 70	☐ · ☐ = ☐	☐ · ☐ = ☐
50 : 10 = ☐	45 : 5 = ☐	30 : 10 = ☐	40 : 5 = ☐
☐ · ☐ = ☐	☐ · ☐ = ☐	☐ · ☐ = ☐	☐ · ☐ = ☐

4

Verbinde immer die beiden Aufgaben, die das gleiche Ergebnis haben.

60 : 10	80 : 10	90 : 10	50 : 10	70 : 10	10 : 10
30 : 5	45 : 5	40 : 5	35 : 5	25 : 5	5 : 5

5

Rechne und verbinde dann die Ergebnisse der Reihe nach.

45 : 5 = ☐	25 : 5 = ☐
80 : 10 = ☐	35 : 5 = ☐
15 : 5 = ☐	20 : 10 = ☐
100 : 10 = ☐	5 : 5 = ☐
20 : 5 = ☐	30 : 5 = ☐

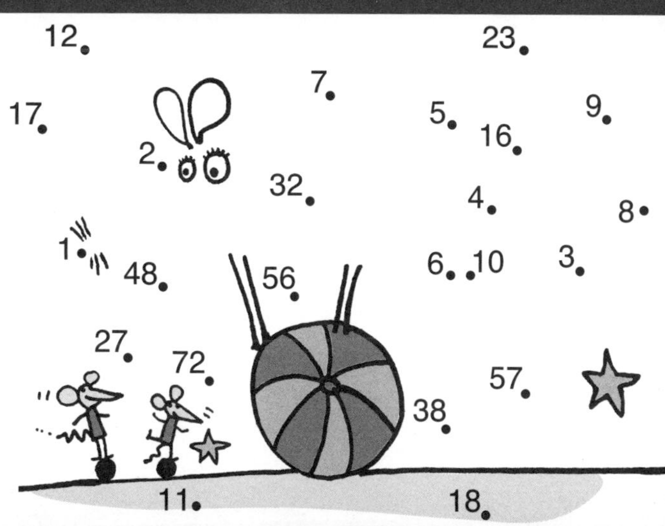

Rechnen mit Geld: 1, 2, 5 und 10

1

3 · 10 ct = 30 ct
4 · 5 ct = 20 ct
30 ct + 20 ct = 50 ct

2

5 · 2 ct = ___ ct
2 · 5 ct = ___ ct
___ ct + ___ ct = ___ ct

3

6 · ___ ct = ___ ct
4 · ___ ct = ___ ct
___ ct + ___ ct = ___ ct

4

3 · ___ ct = ___ ct
3 · ___ ct = ___ ct
___ ct + ___ ct = ___ ct

5

5 · ___ ct = ___ ct
2 · ___ ct = ___ ct
___ ct + ___ ct = ___ ct

6

3 · ___ ct = ___ ct
9 · ___ ct = ___ ct
___ ct + ___ ct = ___ ct

7

7 · ___ ct = ___ ct
4 · ___ ct = ___ ct
___ ct + ___ ct = ___ ct

8

8 · ___ ct = ___ ct
4 · ___ ct = ___ ct
___ ct + ___ ct = ___ ct

9

Verbinde die Ergebnisse
der acht Sparschweine der Reihe nach.

1

+4 +4 +4 +4 +4 +4 +4 +4 +4 +4

0 ☐ ☐ ☐ ☐ ☐ ☐ ☐ ☐ ☐ ☐

-4 -4 -4 -4 -4 -4 -4 -4 -4 -4

40 ☐ ☐ ☐ ☐ ☐ ☐ ☐ ☐ ☐ ☐

2

1	2	3	4	5	6	7	8	9	10
11	12	13	14	15	16	17	18	19	20
21	22	23	24	25	26	27	28	29	30
31	32	33	34	35	36	37	38	39	40

3

3 · 4 | 9 · 4 | 2 · 4 | 6 · 4 | 8 · 4 | 5 · 4 | 7 · 4 | 4 · 4 | 1 · 4 | 10 · 4

36 | 12 | 24 | 8 | 20 | 32 | 16 | 28 | 40 | 4

4

· 4

4	16
3	12
7	
	20
	28
9	
	40
3	

· 4

	36
5	
	24
8	
	32
6	
	16
10	

5

Verbinde die Ergebnisse von Aufgabe 4 der Reihe nach.

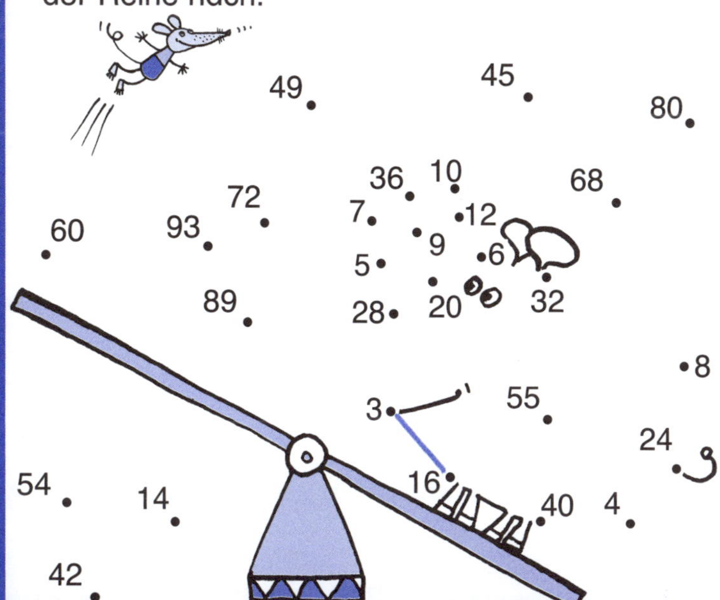

Teilen durch 4

1

8 : 4 = 2   __ : 4 = __   __ : 4 = __   __ : 4 = __

2

	12	16	28	4	24	36	20	8	40	32
: 4	3									

3

28 : 4 = __   24 : 4 = __
12 : 4 = __   20 : 4 = __
16 : 4 = __   8 : 4 = __
4 : 4 = __   36 : 4 = __
40 : 4 = __   32 : 4 = __

4

16 : 4 = __   20 : 4 = __
__ · 4 = 16   __ · __ = 20

36 : 4 = __   28 : 4 = __
__ · __ = __   __ · __ = __

5

40 : 4 = __
36 : 4 = __
32 : 4 = __
28 : 4 = __
24 : 4 = __
20 : 4 = __
16 : 4 = __
12 : 4 = __
8 : 4 = __
4 : 4 = __

Rechne und verbinde die Ergebnisse der Reihe nach.

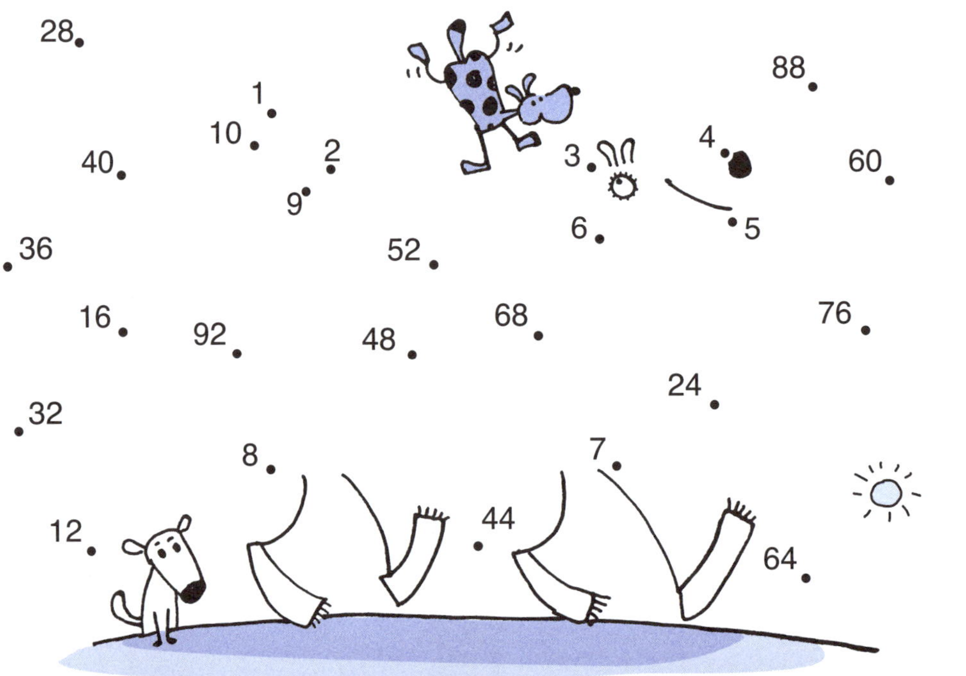

1

	· 2	· 4
4	8	16
8		
2		
6		
10		

2

	· 2	· 4
3		
9		
5		
7		
1		

3

	: 2	: 4
4	2	1
12		
8		
16		
20		

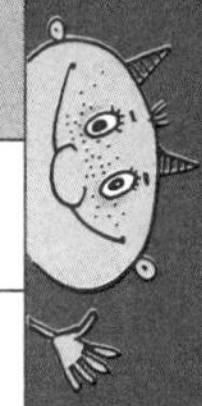

4 6 18 8 12 20 14 2 10 16

4

1 Ente hat ___ Beine.

4 Enten haben ___ Beine.

3 Enten haben ___ Beine.

7 Enten haben ___ Beine.

1 Maus hat ___ Beine.

2 Mäuse haben ___ Beine.

6 Mäuse haben ___ Beine.

9 Mäuse haben ___ Beine.

5

2 blau | 4 und 6 gelb | 8 und 10 rot | 12 und 16 orange | 20 grün

Malnehmen mit 8

1

+8 →, +8 ↓

0	8						
8	16						

2

1 · 8 = 8
2 · 8 = ▢
3 · ▢ = ▢
▢ · ▢ = ▢
▢ · ▢ = ▢

▢ · ▢ = ▢
▢ · ▢ = ▢
▢ · ▢ = ▢
▢ · ▢ = ▢
▢ · ▢ = ▢

3

▢ · 8 = 32
▢ · 8 = 64
▢ · 8 = 8
▢ · 8 = 24
▢ · 8 = 80

▢ · 8 = 16
▢ · 8 = 40
▢ · 8 = 56
▢ · 8 = 48
▢ · 8 = 72

4

· 8	
4	32
1	8
2	
5	
	56
	24
3	
	48
	16

· 8	
6	
	80
9	
	64
	72
7	
	32
8	
	40

5 Male alle Zahlen-Felder der 8er-Reihe gelb an, alle anderen Zahlen-Felder rot.

1

40 : 8 = ___	8 : 8 = ___
16 : 8 = ___	24 : 8 = ___
32 : 8 = ___	48 : 8 = ___
64 : 8 = ___	72 : 8 = ___
80 : 8 = ___	56 : 8 = ___

2

: 8

80	10
	7
	5
48	
72	
	4

: 8

	9
32	
	8
	3
56	
64	

3

3 · 8 = ___	7 · 8 = ___	4 · 8 = ___	9 · 8 = ___
___ : 8 = 3	___ : ___ = ___	___ : ___ = ___	___ : ___ = ___
10 · 8 = ___	5 · 8 = ___	6 · 8 = ___	8 · 8 = ___
___ : ___ = ___	___ : ___ = ___	___ : ___ = ___	___ : ___ = ___

4

64 : 8   56 : 8   24 : 8   40 : 8   72 : 8   48 : 8

(7)   (8)   (3)   (5)   (6)   (9)

5

32 : 8 = 4 M	64 : 8 = ___ R	48 : 8 = ___ O	24 : 8 = ___ T
56 : 8 = ___ E	72 : 8 = ___ P	16 : 8 = ___ U	40 : 8 = ___ D

Rechne und schreibe die Buchstaben zu ihren Ergebnissen.
So findest du das Lösungswort.

5	6	4	9	3	7	2	8
		M					

Wiederholung: Einmaleins mit 2, 4 und 8

1

	· 2	· 4	· 8
2	4	8	16
4			
8			
10			
6			

2

	· 2	· 4	· 8
3			
5			
9			
7			
1			

3

	: 4	: 8
32		
8		
40		
16		
24		

4

2 gelb | 4 orange | 6 blau | 8 rot | 10 lila | 24 grün

1

0 (+3) ☐ (+3) ☐ (+3) ☐ (+3) ☐ (+3) ☐ (+3) ☐ (+3) ☐ (+3) ☐ (+3) ☐ (+3) ☐

30 (-3) ☐ (-3) ☐ (-3) ☐ (-3) ☐ (-3) ☐ (-3) ☐ (-3) ☐ (-3) ☐ (-3) ☐ (-3) ☐

2

	2	6	4	1	9	7	3	10	8	5
· 3	6									

3

3 · 3   9 · 3   7 · 3   5 · 3   2 · 3   6 · 3   10 · 3   4 · 3   1 · 3   8 · 3

27   9   15   21   6   18   12   30   24   3

4

· 3	
4	12
3	9
7	
	15
	21
9	
	30
10	

· 3	
	27
5	
	18
8	
	24
6	
	12
	6

5

Verbinde die Ergebnisse von Aufgabe 4 der Reihe nach.

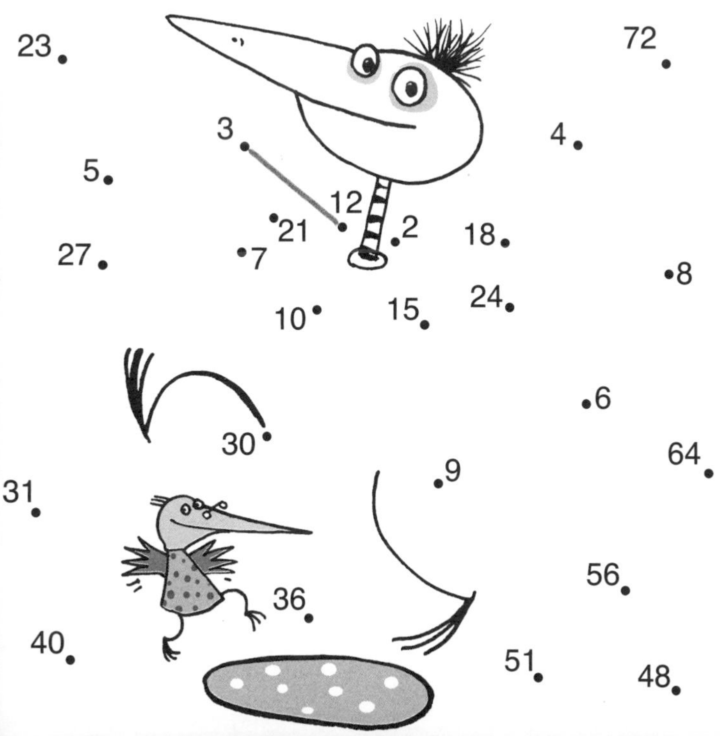

Teilen durch 3

1

6 : 3 = 2 　　 ☐ : 3 = ☐ 　　 ☐ : 3 = ☐ 　　 ☐ : 3 = ☐

2

30 : 3 = ☐	24 : 3 = ☐
15 : 3 = ☐	12 : 3 = ☐
27 : 3 = ☐	6 : 3 = ☐
18 : 3 = ☐	3 : 3 = ☐
9 : 3 = ☐	21 : 3 = ☐

3

: 3

30	10
	9
	5
18	

: 3

	6
21	
27	
	8

: 3

	7
24	
	4
	3

4

3 · 3 = ☐	7 · 3 = ☐	6 · 3 = ☐	4 · 3 = ☐
☐ : 3 = 3	☐ : ☐ = ☐	☐ : ☐ = ☐	☐ : ☐ = ☐
10 · 3 = ☐	5 · 3 = ☐	9 · 3 = ☐	8 · 3 = ☐
☐ : ☐ = ☐	☐ : ☐ = ☐	☐ : ☐ = ☐	☐ : ☐ = ☐

5

Male alle Felder rot an, in denen keine 3er-Zahlen stehen.

1

+6 →, +6 ↓

0	6						
6	12						
							60

2

1 · 6 = 6
2 · 6 = ☐
3 · ☐ = ☐
☐ · ☐ = ☐
☐ · ☐ = ☐

☐ · ☐ = ☐
☐ · ☐ = ☐
☐ · ☐ = ☐
☐ · ☐ = ☐
☐ · ☐ = ☐

3

☐ · 6 = 54
☐ · 6 = 18
☐ · 6 = 60
☐ · 6 = 30
☐ · 6 = 6

☐ · 6 = 24
☐ · 6 = 12
☐ · 6 = 48
☐ · 6 = 36
☐ · 6 = 42

4

· 6	
3	18
2	
	54
	24

· 6	
	48
5	
6	
	60

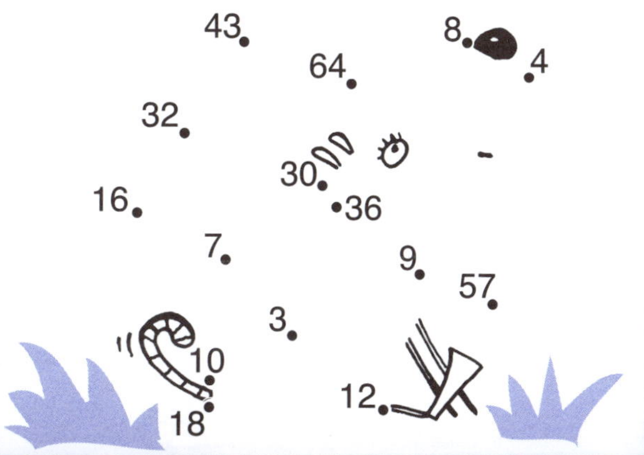

5

· 6	
2	12
4	
	36
8	

· 6	
	18
	30
9	
	42

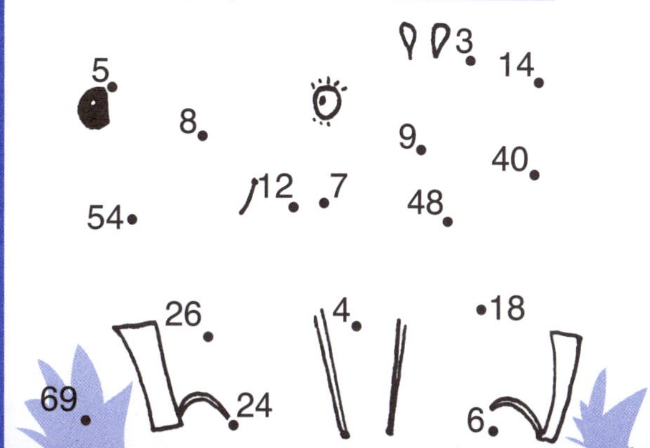

Teilen durch 6

1

	12	30	24	42	54	6	48	60	18	36
: 6	2									

2

4 → · 6 → 24 ; 24 → : 6 → 4

7 → · 6 → ☐

5 → · 6 → ☐

3 → · 6 → ☐

3

36 → : 6 → ☐

54 → : 6 → ☐

48 → : 6 → ☐

18 → : 6 → ☐

4

36 : 6	54 : 6	60 : 6	24 : 6	30 : 6	42 : 6	48 : 6	18 : 6
6	10	9	5	4	8	7	3

5

12 : 6 = ☐

36 : 6 = ☐

30 : 6 = ☐

18 : 6 = ☐

60 : 6 = ☐

24 : 6 = ☐

48 : 6 = ☐

42 : 6 = ☐

6 : 6 = ☐

54 : 6 = ☐

Rechne und verbinde die Ergebnisse der Reihe nach.

1

Finde immer vier Rechnungen.

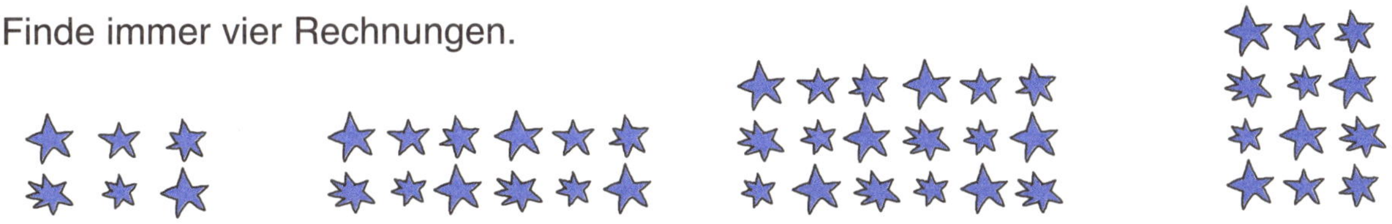

2 · 3 = ___	___ · ___ = ___	___ · ___ = ___	___ · ___ = ___
3 · 2 = ___	___ · ___ = ___	___ · ___ = ___	___ · ___ = ___
6 : 2 = ___	___ : ___ = ___	___ : ___ = ___	___ : ___ = ___
6 : 3 = ___	___ : ___ = ___	___ : ___ = ___	___ : ___ = ___

2

Verbinde immer die beiden Aufgaben, die das gleiche Ergebnis haben.

4 · 3	8 · 3	2 · 3	6 · 3	10 · 3
4 · 6	2 · 6	1 · 6	5 · 6	3 · 6
9 : 3	30 : 3	15 : 3	12 : 3	18 : 3
18 : 6	30 : 6	60 : 6	36 : 6	24 : 6

3

1 und 2 gelb | 3 und 4 rot | 5 und 6 orange | 7 und 8 blau | 9 und 10 grün

Malnehmen mit 9

1

0 →(+9) ☐ →(+9) ☐ →(+9) ☐ →(+9) ☐ →(+9) ☐ →(+9) ☐ →(+9) ☐ →(+9) ☐ →(+9) ☐ →(+9) ☐

90 →(-9) ☐ →(-9) ☐ →(-9) ☐ →(-9) ☐ →(-9) ☐ →(-9) ☐ →(-9) ☐ →(-9) ☐ →(-9) ☐ →(-9) ☐

2

☐ = 1 · 9	☐ = 6 · 9
☐ = 2 · 9	☐ = 7 · 9
☐ = 3 · 9	☐ = 8 · 9
☐ = 4 · 9	☐ = 9 · 9
☐ = 5 · 9	☐ = 10 · 9

3

· 9

10	90
	72
7	
	36

· 9

	81
5	
	54
8	

· 9

6	
	27
9	
	45

4

Verbinde immer die beiden Aufgaben, die das gleiche Ergebnis haben.

60 - 6	80 - 8	50 - 5	70 - 7	30 - 3	40 - 4
8 · 9	6 · 9	7 · 9	5 · 9	4 · 9	3 · 9

5

Rechne und schreibe die Buchstaben
zu ihren Ergebnissen.
So findest du das Lösungswort.

8 · 9 = 72 E	5 · 9 = ☐ A
7 · 9 = ☐ M	2 · 9 = ☐ R
3 · 9 = ☐ R	4 · 9 = ☐ D
9 · 9 = ☐ O	6 · 9 = ☐ D

54	18	81	63	72	36	45	27
				E			

1

	90	18	36	63	81	9	45	27	72	54
: 9										

2

90 : 9 = ☐
81 : 9 = ☐
72 : 9 = ☐
63 : 9 = ☐
54 : 9 = ☐

45 : 9 = ☐
36 : 9 = ☐
27 : 9 = ☐
18 : 9 = ☐
9 : 9 = ☐

3

72 : 9 = ☐
☐ · 9 = 72

81 : 9 = ☐
☐ · ☐ = ☐

36 : 9 = ☐
☐ · ☐ = ☐

45 : 9 = ☐
☐ · ☐ = ☐

4

☐ : 9 = 1
☐ : 9 = 7
☐ : 9 = 4

☐ : 9 = 8
☐ : 9 = 9
☐ : 9 = 3

☐ : 9 = 5
☐ : 9 = 2
☐ : 9 = 6

5

: 9	
36	4
27	3
	7
45	
63	
	9
90	
	10

: 9	
81	
	5
54	
	8
72	
	6
9	
18	

Verbinde die Ergebnisse der Reihe nach.

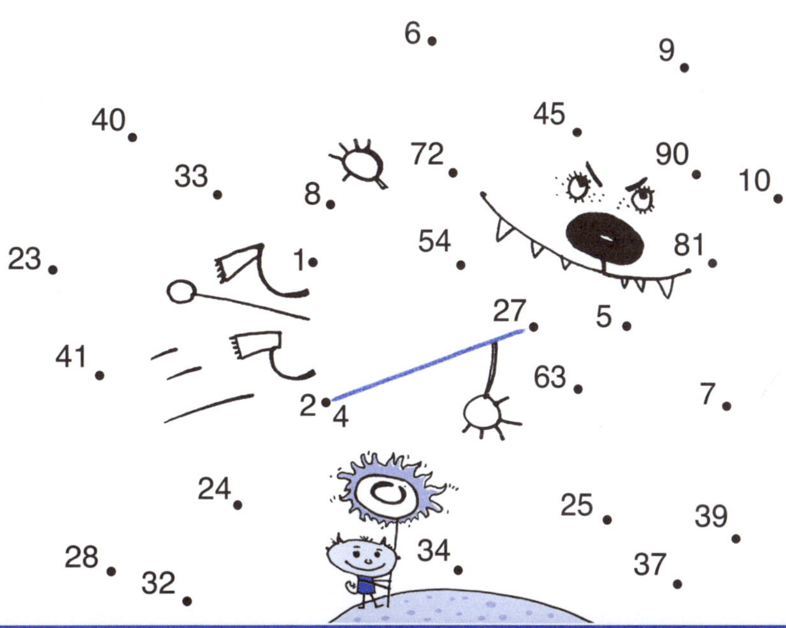

Wiederholung: Einmaleins mit 3, 6 und 9

1

	· 3	· 6	· 9
1	3	6	9
5			
8			
3			
10			

2

	· 3	· 6	· 9
6			
2			
7			
4			
9			

3

	: 3	: 6
6		
24		
12		
30		
18		

4

3 rot 6 gelb 7 blau 9 orange 18 lila

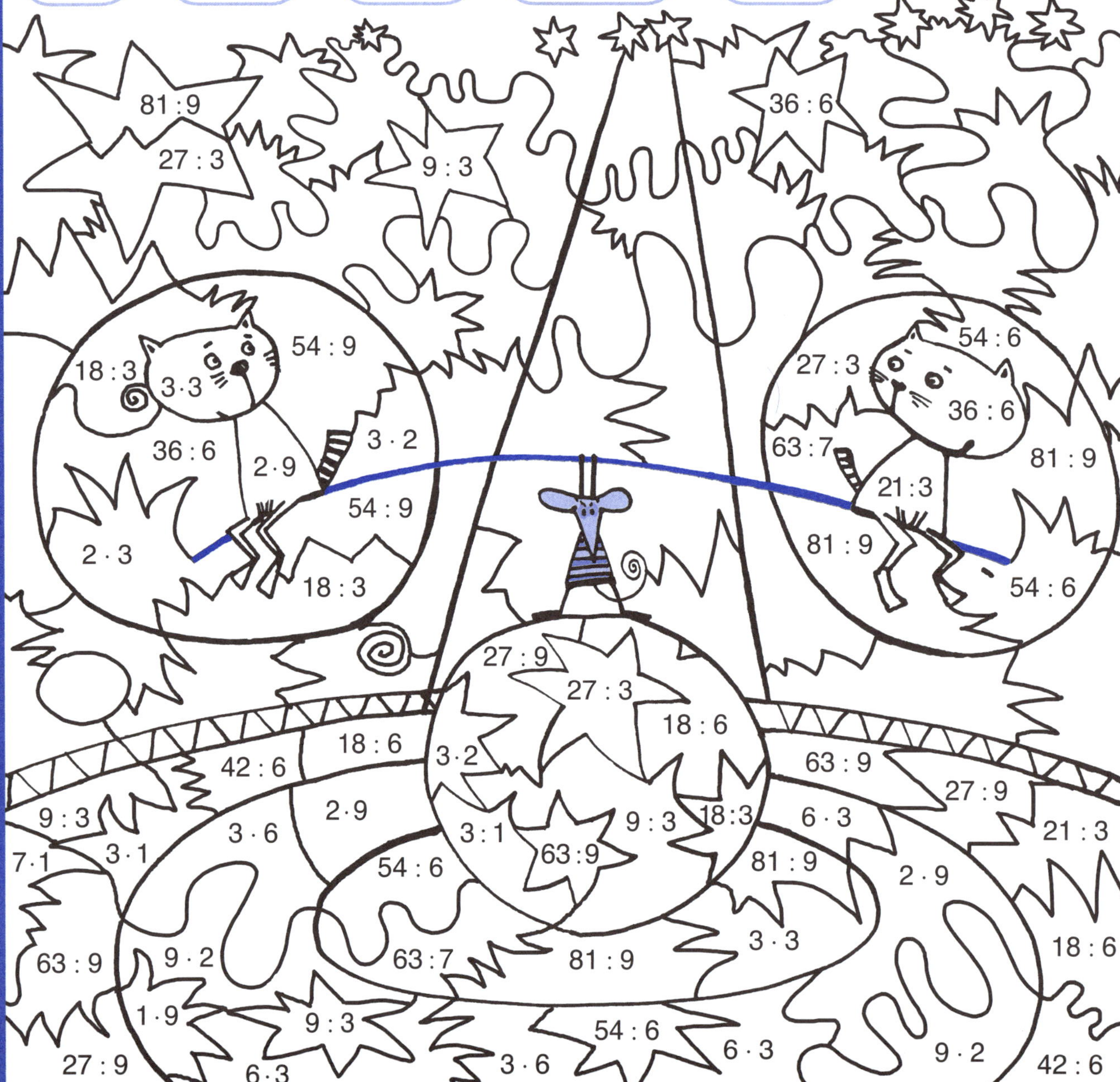

1

+7 →, +7 ↓

0	7						
7	14						
							70

2

5 · 7 = ___	2 · 7 = ___
3 · 7 = ___	4 · 7 = ___
8 · 7 = ___	1 · 7 = ___
10 · 7 = ___	6 · 7 = ___
7 · 7 = ___	9 · 7 = ___

3

___ · 7 = 49	___ · 7 = 7
___ · 7 = 21	___ · 7 = 28
___ · 7 = 14	___ · 7 = 56
___ · 7 = 63	___ · 7 = 35
___ · 7 = 42	___ · 7 = 70

4

· 7

10	70
7	
	7

· 7

5	
4	
	42

· 7

8	
	35
9	

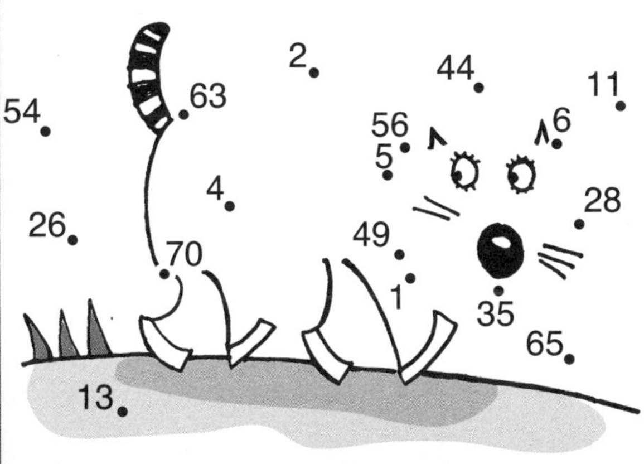

5

· 7

2	
	21
6	

· 7

	56
	63
3	

· 7

	28
	49
	70

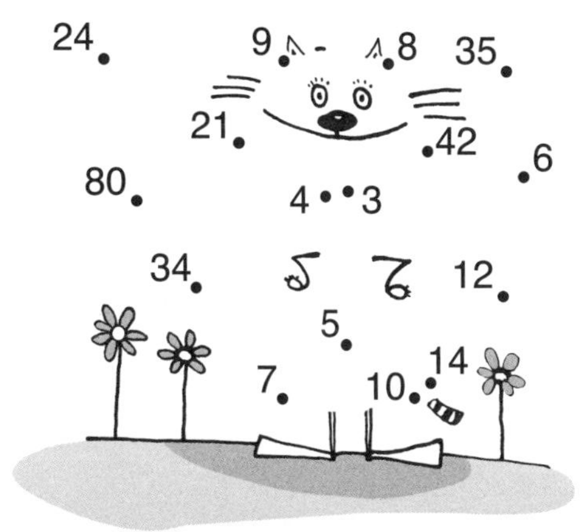

Teilen durch 7

1

	28	14	42	7	21	49	63	70	56	35
: 7										

2

49 : 7 = ☐ 21 : 7 = ☐ 42 : 7 = ☐ 35 : 7 = ☐

28 : 7 = ☐ 56 : 7 = ☐ 63 : 7 = ☐ 14 : 7 = ☐

3

7 → · 7 → 24 → : 7 → 7

5 → · 7 → ☐ → ◯ → 5

8 → · 7 → ☐ → ◯ → 8

3 → · 7 → ☐ → ◯ → 3

4

28 → : 7 → ☐ → ◯ → 28

42 → : 7 → ☐ → ◯ → 42

63 → : 7 → ☐ → ◯ → 63

7 → : 7 → ☐ → ◯ → 7

5

1 Woche hat 7 Tage.
2 Wochen haben ☐ Tage.

Wochen	Tage	Wochen	Tage
3		6	
5			56
	14	9	
	63		35
7			49
	70	8	
4			28

6

Verbinde die Ergebnisse
von Aufgabe 5 der Reihe nach.

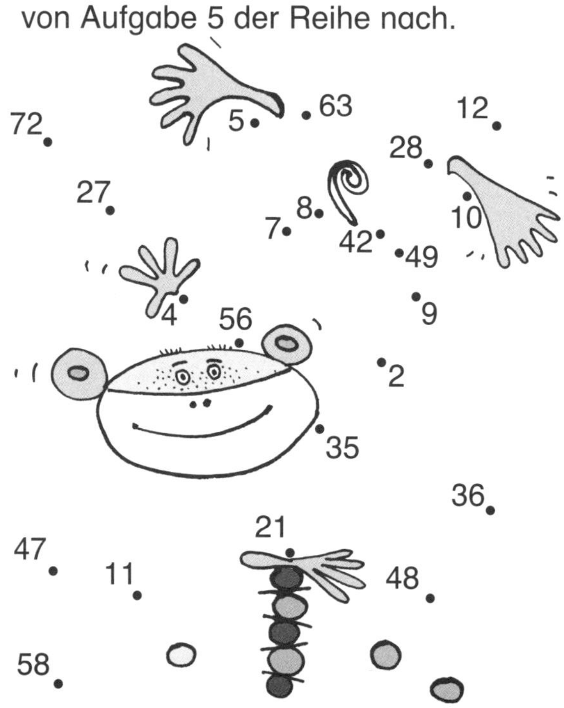

Wiederholung: Einmaleins mit 7 und 9

1

	· 7	· 9
3		
5		
8		
10		
2		

2

	· 7	· 9
6		
1		
7		
9		
4		

3

63 : 7 = ☐
63 : 9 = ☐
35 : 7 = ☐
27 : 9 = ☐
28 : 7 = ☐

72 : 9 = ☐
56 : 7 = ☐
45 : 9 = ☐
81 : 9 = ☐
54 : 9 = ☐

4

Male alle Zahlen der 7er-Reihe blau und alle Zahlen der 9er-Reihe gelb an.
Wie viele Felder werden grün? ☐

Einmaleins-Tafel

1

·	1	2	3	4	5	6	7	8	9	10
1	1									
2	2	4								
3										
4										
5										
6										
7										
8										
9										
10										

Rechne alle Einmaleins-Aufgaben aus.
Male die Felder mit Quadratzahlen an.

2

Verbinde die Quadratzahlen der Reihe nach.

1

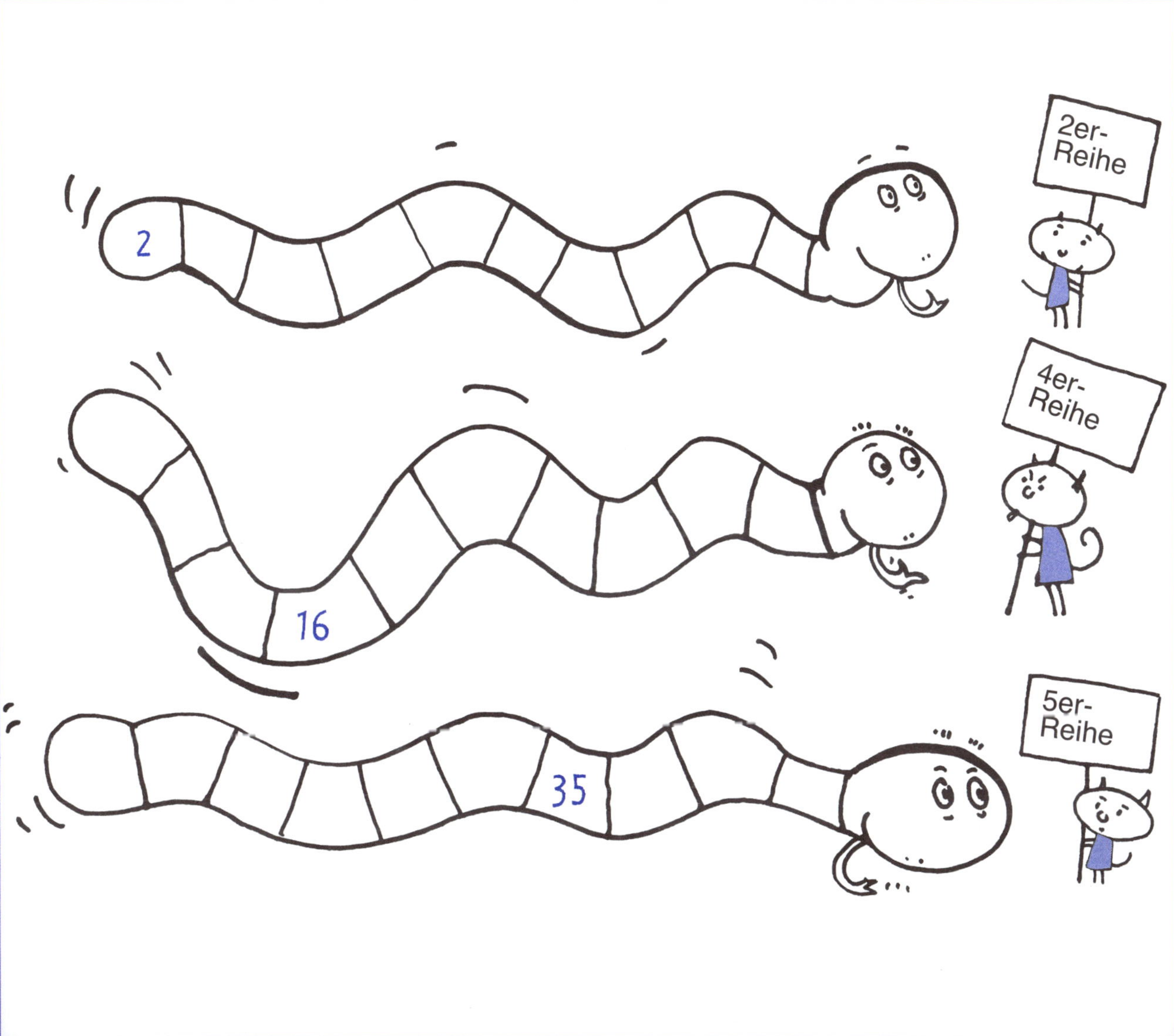

2

Verbinde die Zahlen der 8er-Reihe gelb und dann die der 10er-Reihe rot.

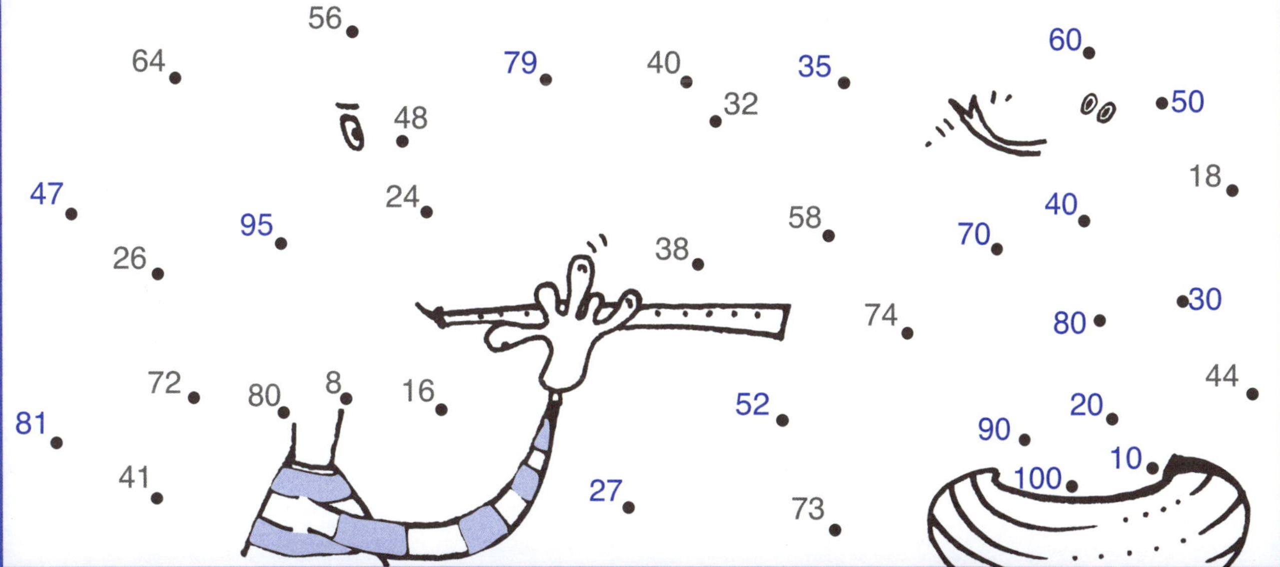

Einmaleins-Reihen: 3, 6, 7, 9

1

Einige Zahlen kommen in zwei oder drei Reihen vor.
Male die Tiere, die auf gleichen Zahlen stehen, mit der gleichen Farbe an.

2

Verbinde die Zahlen der 7er-Reihe der Reihe nach.

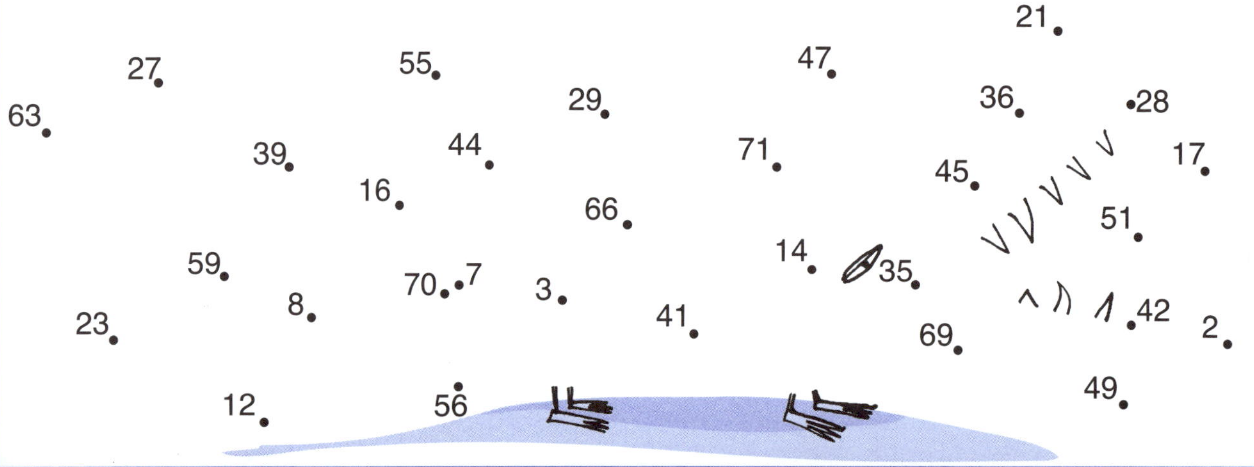

1

Male alle Zahlen der 5er-Reihe gelb, alle Zahlen der 7er-Reihe rot und alle Zahlen der 9er-Reihe grün an.

2

Drei Felder sind schon blau angemalt, weil sie zu zwei Reihen gehören:

35 gehört zu den Reihen ____ und ____ .

45 gehört zu den Reihen ____ und ____ .

63 gehört zu den Reihen ____ und ____ .

Lösungswörter: 5, 8, 9, 10

1 Male alle Zahlen an, die zum 8er-Einmaleins gehören.

7	11	41	55	21	69	35	68	20	9	19	79	18	11	39	63	51
34	32	8	80	45	8	24	80	23	16	52	56	78	32	56	72	17
26	40	9	64	70	72	54	5	53	64	60	40	4	38	64	67	77
58	56	12	16	22	56	6	44	13	32	48	24	43	3	24	30	15
46	24	72	40	37	24	7	36	76	24	2	8	14	66	8	62	73
25	16	71	8	42	16	48	40	1	40	75	16	49	27	40	29	74
33	59	23	57	47	65	10	15	5	28	50	27	18	61	33	45	31

2 Male alle Zahlen an, die zum 7er- oder zum 9er-Einmaleins gehören.

13	53	15	66	16	87	2	15	29	75	24	11	25	76	6	33	8
23	49	7	63	74	14	18	72	22	21	34	5	89	45	79	44	61
55	67	28	1	41	36	3	7	57	35	4	73	19	81	23	20	39
37	12	70	43	26	49	71	18	32	9	40	52	59	14	38	33	78
69	86	9	17	62	63	45	90	88	54	70	27	65	56	21	42	41
11	68	31	85	30	83	10	58	46	64	82	50	60	47	80	51	48

3 Male alle Zahlen an, die nicht zum 5er- oder 10er-Einmaleins gehören.

60	50	90	30	10	45	50	25	100	90	20	45	40	50	30	70	45
10	5	11	37	48	10	13	30	28	40	24	51	46	45	80	31	15
25	70	26	70	80	5	9	15	18	25	100	19	40	80	10	27	20
45	60	13	60	53	90	36	20	22	5	35	63	10	25	20	90	30
50	90	24	49	33	20	43	39	32	70	5	29	5	35	70	59	60
40	100	80	35	15	100	50	35	15	60	80	35	15	30	25	40	100

1

·	1	3	5	7	9
2	2	6			
4					
6					
8					
10					

2

·	2	4	5	6	8
1	2				
3					
7					
9					
10					

Findest du hier acht Fehler?

3

·	3	5	6	7	9
2	6	~~20~~	11	14	18
4	12	30	24	27	36
8	32	50	48	56	74
10	30	50	60	80	90

Findest du auch hier acht Fehler?

4

·	2	4	8	9	10
3	6	12	26	27	40
5	15	20	40	47	50
6	12	28	49	54	60
7	14	28	56	62	96

5

Male alle Felder, in denen die Fehler aus den Aufgaben 3 und 4 stehen, blau an.

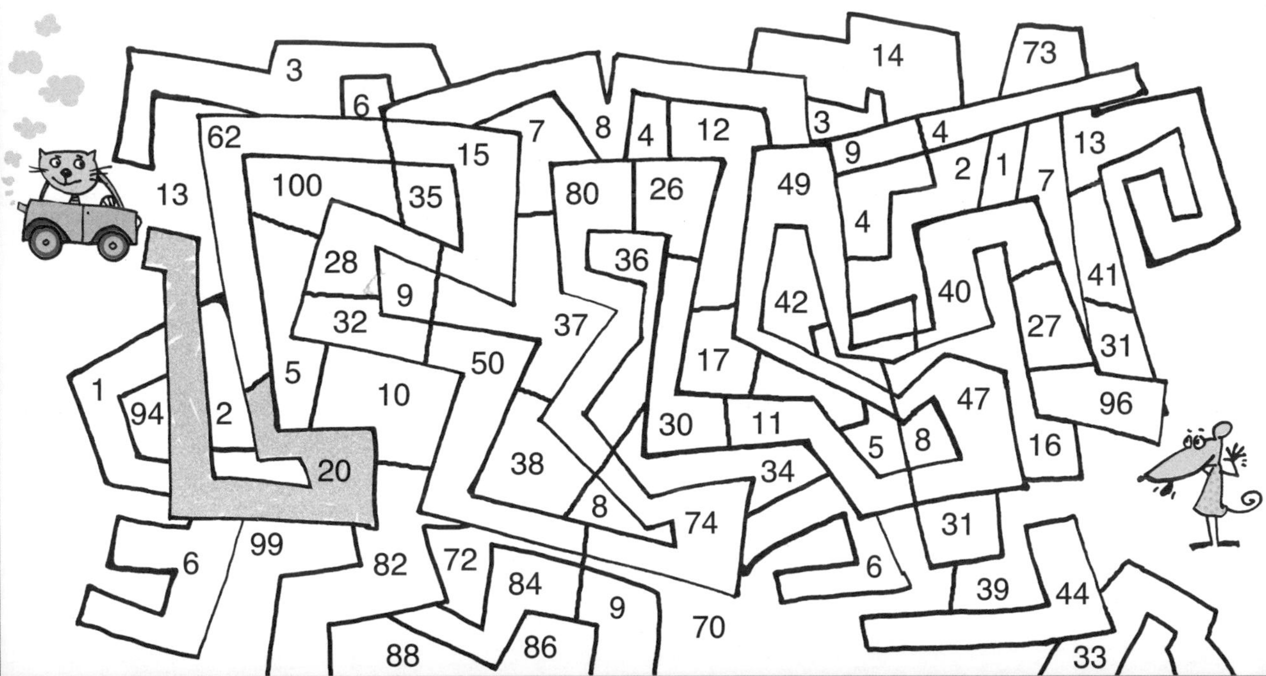

Aufgaben finden I

1

Suche zehn Mal-Aufgaben.

3 ·	5 =	15	4	6	9	54
3	5	7	35	8	6	6
4	25	8	7	4	28	5
12	2	9	27	32	2	30
5	4	72	3	8	8	64

3 · 5 = 15   ___ · ___ = ___
5 · 5 = 25   ___ · ___ = ___
___ · ___ = ___   ___ · ___ = ___
___ · ___ = ___   ___ · ___ = ___
___ · ___ = ___   ___ · ___ = ___

2

Suche zehn Geteilt-Aufgaben.

72 :	8 =	9	2	40	4	10
9	35	5	7	47	2	5
8	7	22	24	8	3	2
5	5	26	6	61	3	15
42	7	6	4	13	1	17

72 : 8 = 9   ___ : ___ = ___
72 : 9 = 8   ___ : ___ = ___
___ : ___ = ___   ___ : ___ = ___
___ : ___ = ___   ___ : ___ = ___
___ : ___ = ___   ___ : ___ = ___

3

Male die Ergebnisse von Aufgabe 1 rot und von Aufgabe 2 braun an.

1 Finde immer vier Rechnungen.

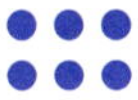

2 · 3 = __
3 · 2 = __
6 : 2 = __
6 : 3 = __

__ · __ = __
__ · __ = __
__ : __ = __
__ : __ = __

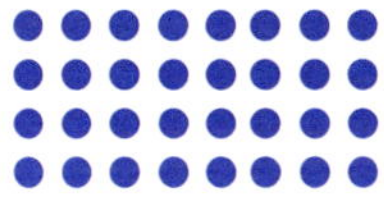

__ · __ = __
__ · __ = __
__ : __ = __
__ : __ = __

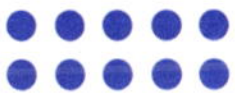

__ · __ = __
__ · __ = __
__ : __ = __
__ : __ = __

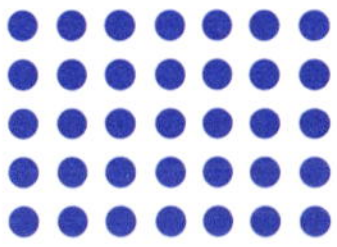

__ · __ = __
__ · __ = __
__ : __ = __
__ : __ = __

__ · __ = __
__ · __ = __
__ : __ = __
__ : __ = __

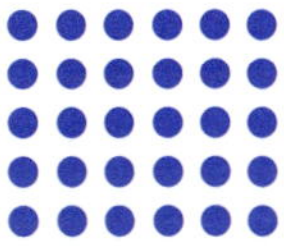

__ · __ = __
__ · __ = __
__ : __ = __
__ : __ = __

__ · __ = __
__ · __ = __
__ : __ = __
__ : __ = __

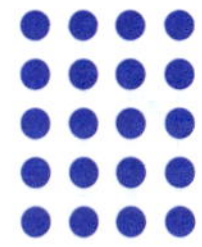

__ · __ = __
__ · __ = __
__ : __ = __
__ : __ = __

2 Verbinde die Ergebnisse der Malaufgaben vom kleinsten zum größten Ergebnis.

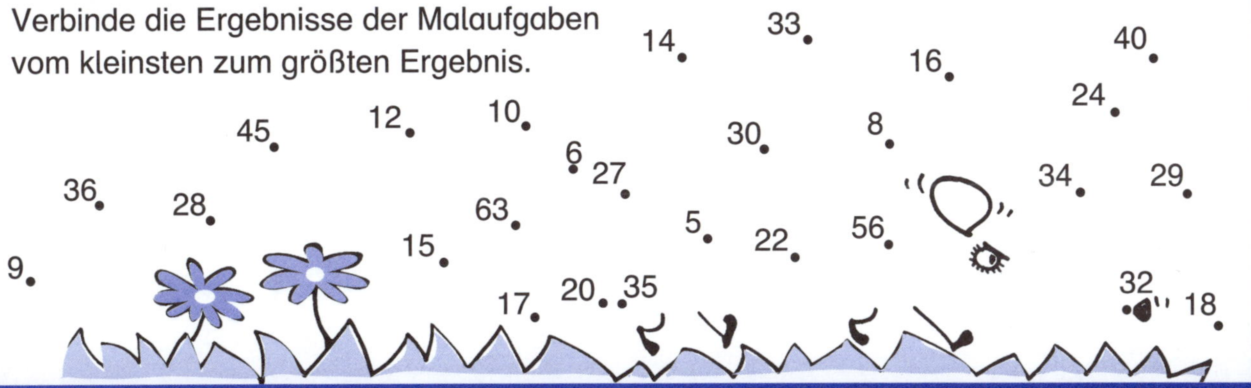

Zahlentripel

1 Schreibe zu den drei Zahlen immer vier Aufgaben.

3 5 15

3 · 5 = 15
5 · 3 = 15
15 : 3 = 5
15 : 5 = 3

3 4 12

· =
· =
: =
: =

4 6 24

· =
· =
: =
: =

63 9 7

· =
· =
: =
: =

36 4 9

· =
· =
: =
: =

72 9 8

· =
· =
: =
: =

6 9 54

· =
· =
: =
: =

32 4 8

· =
· =
: =
: =

5 9 45

· =
· =
: =
: =

2 Verbinde die Antworten auf die Fragen der Reihe nach.

– Was ist dein niedrigstes Ergebnis?
– Was ist dein höchstes Ergebnis?
– Wie oft ist das Ergebnis 9?
– Wie oft ist das Ergebnis 45?
– Wie oft ist das Ergebnis 4?
– Wie viele Aufgaben hast du gerechnet?

1

2

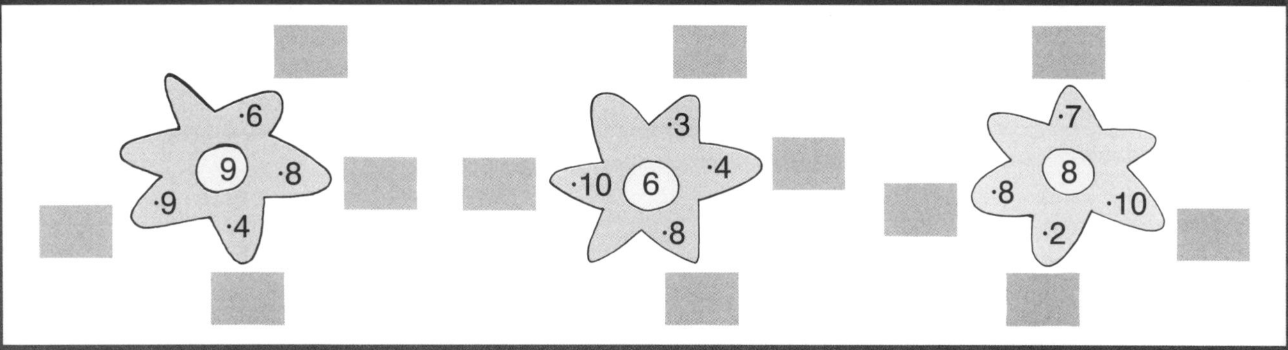

3

4

Male die Ergebnisse von Aufgabe 1 blau, von Aufgabe 2 rot und von Aufgabe 3 gelb an.

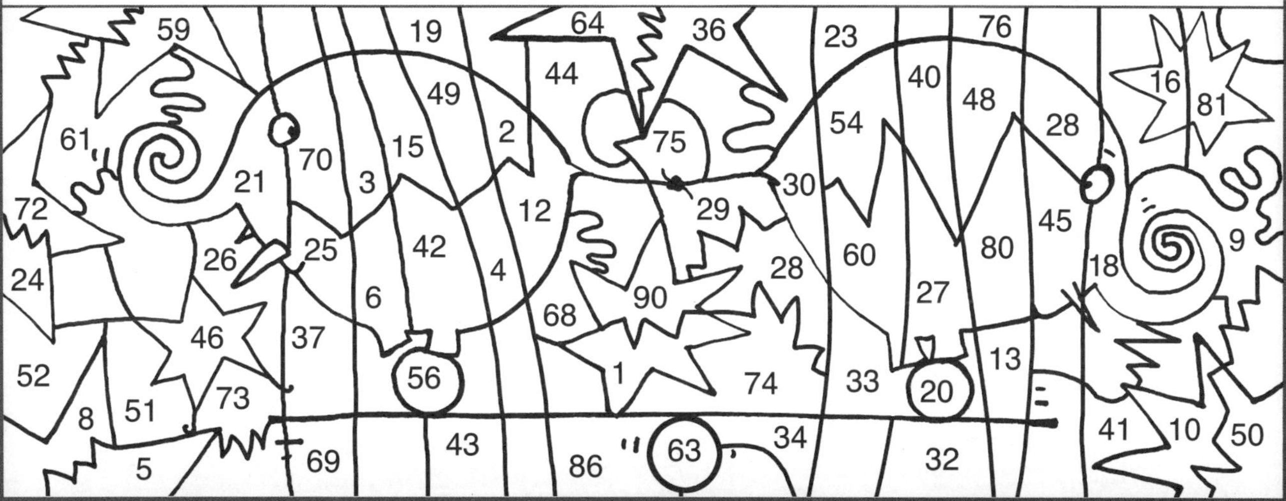

Aufgaben finden II

1

Suche zehn Mal-Aufgaben

7	8	56	5	3	7	21
4	2	14	9	9	81	3
28	5	7	45	6	7	42
3	8	24	8	16	9	3
1	40	3	3	9	63	10

□ · □ = □   □ · □ = □

□ · □ = □   □ · □ = □

□ · □ = □   □ · □ = □

□ · □ = □   □ · □ = □

□ · □ = □   □ · □ = □

2

Suche zehn Geteilt-Aufgaben.

8	63	9	7	36	6	6
4	64	2	8	4	4	1
2	8	21	45	9	5	32
16	8	18	6	3	42	8
5	100	10	10	25	7	4

□ : □ = □   □ : □ = □

□ : □ = □   □ : □ = □

□ : □ = □   □ : □ = □

□ : □ = □   □ : □ = □

□ : □ = □   □ : □ = □

3

Male die Ergebnisse von Aufgabe 1 orange und von Aufgabe 2 rot an.

1

1	· 7 →		· 9 →		+ 1 →		: 8 →		· 5 →		: 4 →	
2	· 9 →		: 3 →		: 2 →		· 8 →		: 6 →		· 8 →	
3	· 4 →		: 2 →		· 6 →		: 9 →		: 2 →		· 10 →	
4	· 8 →		- 2 →		: 6 →		· 8 →		: 10 →		· 7 →	
5	· 6 →		: 3 →		· 7 →		: 10 →		· 7 →		+ 1 →	
6	· 8 →		: 6 →		· 3 →		: 6 →		· 9 →		: 6 →	
7	· 6 →		- 2 →		: 5 →		· 3 →		: 4 →		· 8 →	
8	: 2 →		· 5 →		: 2 →		· 7 →		+ 2 →		: 9 →	
9	· 9 →		- 1 →		: 10 →		· 7 →		- 2 →		: 6 →	
10	: 5 →		· 8 →		: 4 →		· 5 →		+ 1 →		: 3 →	

2

Verbinde die Ergebnisse
der Rechenschlangen
der Reihe nach.

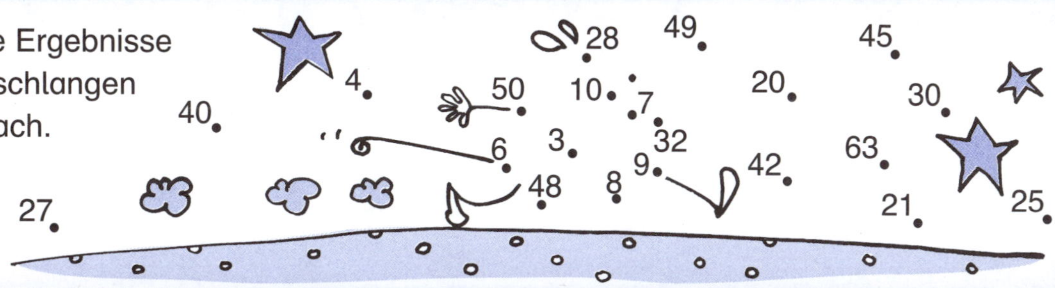

Zahlenbild I

1

1 gelb | 3 orange | 5 blau | 7 grün | 9 rot

1 gelb | 3 orange | 5 blau | 7 grün | 9 rot

1

Start												
10	· 10 →		- 10 →		: 10 →		· 6 →		+ 2 →		: 8 →	
20	: 5 →		· 8 →		+ 4 →		: 9 →		· 3 →		: 6 →	
30	: 6 →		· 5 →		- 1 →		: 8 →		· 6 →		: 2 →	
40	: 5 →		: 4 →		· 10 →		+ 1 →		: 3 →		· 7 →	
50	: 10 →		· 7 →		+ 1 →		: 6 →		· 5 →		: 3 →	
60	+ 4 →		: 8 →		· 7 →		- 2 →		: 6 →		· 9 →	
70	+ 2 →		: 9 →		· 5 →		: 10 →		· 9 →		: 6 →	
80	+ 1 →		: 9 →		· 7 →		+ 1 →		: 8 →		· 6 →	
90	: 9 →		· 3 →		: 6 →		· 7 →		- 3 →		: 8 →	
100	: 10 →		· 4 →		: 5 →		· 3 →		: 4 →		· 7 →	

2

Verbinde die Ergebnisse der Rechenschlangen der Reihe nach.

Zahlenbild II

1

2 rot | 4 blau | 6 grün | 8 gelb | 10 orange

2 rot | 4 blau | 6 grün | 8 gelb | 10 orange

2.4